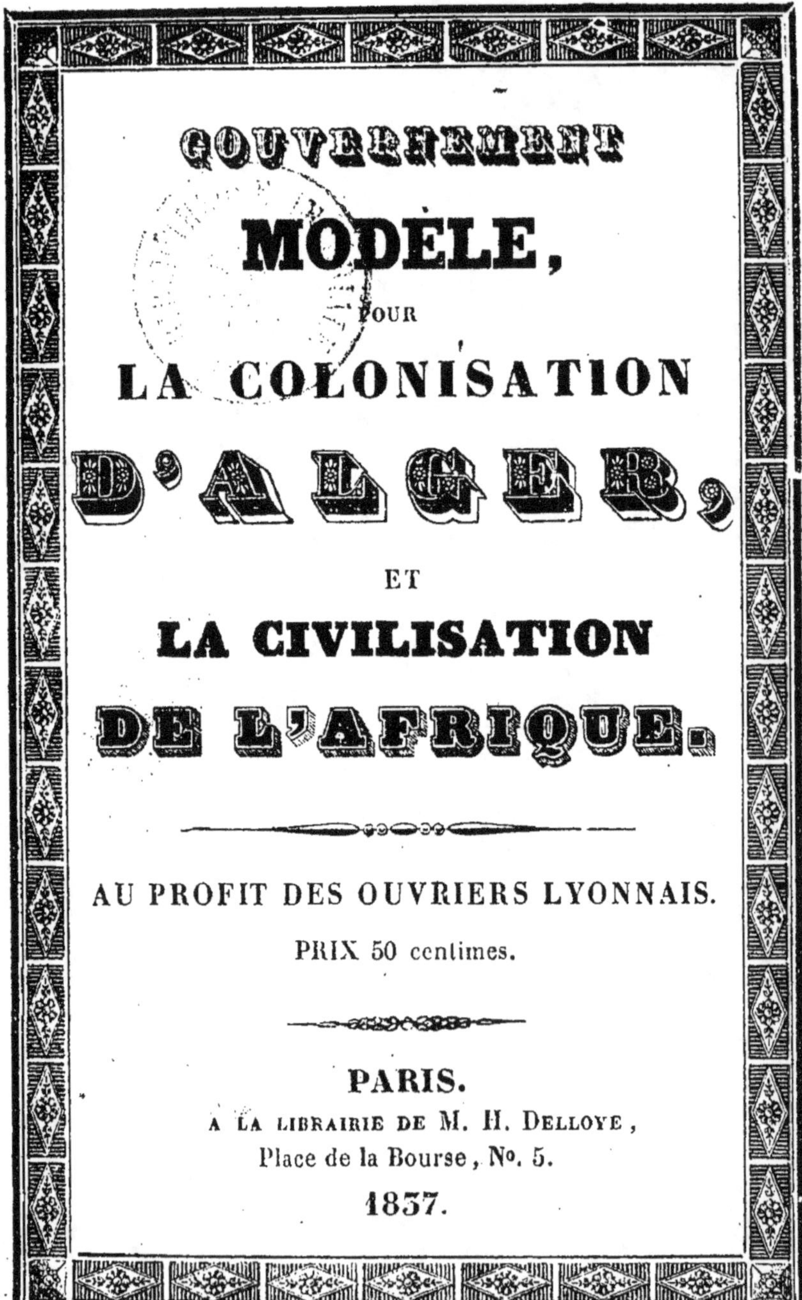

GOUVERNEMENT MODÈLE,

POUR

LA COLONISATION D'ALGER,

ET

LA CIVILISATION DE L'AFRIQUE.

AU PROFIT DES OUVRIERS LYONNAIS.

PRIX 50 centimes.

PARIS.

A LA LIBRAIRIE DE M. H. DELLOYE,

Place de la Bourse, No. 5.

1837.

COLONISATION

D'ALGER (1).

A MESSIEURS

LES MEMBRES DE LA CHAMBRE DES DÉPUTÉS.

HONORABLES DÉPUTÉS :

Le besoin impérieux de venger une insulte grave nous a seul conduits à Alger, et après y avoir détruit l'hydre de la piraterie, il ne nous a plus été permis d'abandonner, de livrer à elle-même cette Régence qui pouvait encore en devenir l'affreux repaire. L'honneur,

---

(1) En faveur : Des classes laborieuses, en les rendant propriétaires et heureuses par le travail.

— De la sécurité des navigateurs dans la Méditerranée, par l'entière destruction de la piraterie barbaresque.

— Du commerce et de l'industrie, en leur ouvrant des relations nouvelles et plus étendues.

— De l'armée, en créant dans tous ses rangs des promotions nombreuses et inusitées.

— De l'humanité, en propageant la civilisation, par la persuasion, au milieu même des peuples les plus fanatiques et les plus cruels.

l'humanité, nos intérêts commerciaux, ainsi que ceux de toutes les puissances maritimes de la chrétienté nous le prescrivaient, et ce fut pour remplir religieusement ce devoir sacré, que dans sa haute prévoyance le gouvernement d'alors traça d'avance la conduite généreuse qu'il aurait à tenir, pour accomplir l'œuvre de la civilisation que lui imposerait le triomphe de nos armes ; mais les événemens de juillet, en renversant le ministère Polignac, paralysèrent aussi la réalisation de ses sages prévisions, dont le succès aurait suffi pour placer la France au premier rang des grandes Puissances, et la rendre pour toujours l'arbitre de leurs différens.

En effet, dans ce plan, dont l'exécution extrêmement facile nous eut attiré les bénédictions de tous les peuples civilisés, il s'agissait :

1°. D'expulser d'Alger le Dey ainsi que sa soldatesque effrénée, et de n'y occuper que les principaux points du littoral, dont on aurait éloigné tous les habitans qui ne nous auraient pas été entièrement dévoués, pour les remplacer par des artisans laborieux, de bonnes mœurs, et utiles au pays par leur industrie.

2°. De profiter de l'impression que la conquête d'Alger ne manquerait pas de produire dans le pays, pour affranchir les Arabes de toute espèce de redevance, de rendre chaque tribu indépendante l'une de l'autre, en leur donnant des Beys, de leur choix, égaux entre eux en autorité, et de fixer les limites territoriales dans lesquelles nous nous serions circonscrits, avec défense aux indigènes de les franchir en armes sous les peines les plus graves , nous imposant la même obligation de les laisser vivre en paix , de respecter leur croyance, et de n'intervenir dans leurs différens que comme médiateurs amis de la justice, sincèrement animés du désir de maintenir entre eux l'union et la concorde.

3º. De pourvoir à la continuation de l'occupation de la Régence au moyen d'une armée algérienne, permanente, formée par des engagemens volontaires de quatre ans, contractés par des militaires de tous les pays, même par ceux français encore en activité de service, qui auraient eu la faculté de s'y enrôler, bien que leurs congés ne fussent point expirés, afin de hâter le retour de notre armée en France, sans danger pour le pays conquis (2).

4º. D'organiser, en même tems que la nouvelle armée, des compagnies de maçons, charpentiers, menuisiers, serruriers , forgerons, taillandiers, charrons, etc., etc. ; pour être employés à la construction des bâtimens et autres objets accessoires nécessaires à la

---

(2) La création de l'armée algérienne eut offert aux militaires, qui en auraient eu la capacité, d'être promus au concours, savoir : le sergent lieutenant, le sergent-major capitaine, le lieutenant chef de bataillon, etc., etc. L'uniforme eut été de la même étoffe pour tous indistinctement, depuis le soldat jusqu'au général ; la laine, le coton ou le lin eussent seuls été employés dans les marques distinctives des grades, et les hommes appelés au commandement n'auraient eu à briller que par leurs talens et leur intrépidité dans les combats.

colonisation, ainsi qu'à leurs entretien et réparation.

5°. De construire d'abord à la proximité des principaux points du littoral, des fermes assez spacieuses pour y placer cinq à six cents familles, et les occuper à l'agriculture.

6°. D'employer les compagnies du génie à creuser des puits artésiens (3) et à sonder les terres encore vierges de la Régence pour y découvrir les mines qu'elles peuvent renfermer, dont la concession fut devenue une nouvelle source de richesses pour l'État et les particuliers.

Ces mêmes compagnies, tout en poursuivant leurs intéressans travaux, eussent en même tems concouru à protéger les établissemens agricoles.

7°. D'appeler à la colonisation d'Alger tous les laboureurs de la chrétienté, qui lors de leur arrivée auraient été dirigés sur les fermes pour se remettre de leurs fatigues, s'acclimater et se familiariser, par le travail, à la culture la plus avantageuse. Pendant ce

---

(3) Les napes dont les eaux n'eussent point jailli au-dessus du sol, auraient également servi, qu'elle qu'en fût la profondeur, à établir des fontaines permanentes, en y appliquant l'appareil ingénieux qui m'est bien connu ; le même qui étant employé au dessèchement des marais, offre le double avantage de les rendre à l'agriculture, et d'en verser les eaux stagnantes dans des canaux d'irrigation, qui permettent de convertir en riches prairies les terres les plus élevées et les moins fertiles, sans en excepter les sables brûlans d'Afrique.

téms, et en attendant de labourer pour leur propre compte, il eussent joui, à titre de salaires, d'une part et portion dans les bénéfices d'exploitation de leurs fermes respectives.

8°. De bâtir dans les environs des fermes, des hameaux d'une centaine de feux chacun, dans lesquels les colons eussent été envoyés immédiatement après avoir terminé leur instruction rurale, et appris la langue française adoptée pour la colonie.

9°. Indépendamment de la jouissance d'une maison d'habitation avec jardin, étable et grange, chaque habitant aurait eu en partage environ cinq hectares de terre en plein rapport, afin de le mettre à même de subvenir aux besoins de sa famille, sans cependant que ces propriétés domaniales, indivisibles et inaliénables pussent être cédées par leurs possesseurs, mais seulement par leurs héritiers après dix années au moins d'exploitation, à la charge par les cessionnaires de continuer d'en payer annuellement au trésor les *cotisations nationales* (contributions), soit en denrées, soit en argent; de faire procéder à leurs frais aux réparations des bâtimens, même à leurs reconstructions à mesure qu'elles seraient devenues nécessaires ; et de verser leur contingent de prévoyance (dîme municipale) au sylos du hameau, dont la gestion eut été confiée, sous la surveillance de la mairie, à une commission de bienfaisance, spécialement chargée d'acquitter les dépenses communales; d'assurer le recouvrement intégral des cotisations pendant les années des mauvaises réeoltes ; de pourvoir aux besoins des habitans en cas de disette ou de sinistres, et de secourir par le travail ceux atteints de maladies graves, ainsi que les orphelins encore trop jeunes pour faire fructifier par eux mêmes leur propre patrimoine. (4).

10o. Les ouvriers des compagnies et les militaires qui, à l'expiration de leurs engagemens, auraient voulu se fixer dans la colonie, eussent été dirigés sur les fermes pour de-là, devenir à leur tour, habitans des hameaux et comme eux propriétaires.

11o. Pour accélérer l'uniformité du langage qui excite la plus grande sympathie des peuples, et les unit intimement par des liens indissolubles, il y aurait eu des instituteurs, non seulement dans les fermes, mais aussi dans toutes les compagnies des différens corps de l'armée et dans celles des ouvriers.

12o. Lorsque les premières fermes se seraient trouvées peuplées ainsi que les hameaux environnans, on aurait continué d'établir de nouvelles fermes plus éloignées dans l'intérieur des terres, et toujours sous la

---

(4) Bien que la Colonie se trouvat seule propriétaire dans toute l'étendue de son territoire, néanmoins le droit d'occupation des propriétés partielles quelconques eut été inviolable et sacré ; cependant, l'État aurait pu en interrompre la jouissance pour cause d'utilité publique, en assignant préalablement à leurs exploiteurs de nouveaux établissemens non moins avantageux, et en leur accordant des dommages proportionnés à leurs déplacemens,

protection de quelques fortifications avancées, occupées par des troupes pour protéger les colons, qui eux-mêmes se fussent exercés tous les dimanches au tir, pour se rendre, en cas d'agression, redoutables aux Arabes qui eussent osé les troubler dans leurs travaux. (5)

13°. Le principal personnel de chaque ferme eut été composé d'un régisseur, d'un garde-magasin, agent comptable, d'un économe chargé de la dépense, d'un agronome pour les différentes branches de l'agriculture, d'un aumônier, d'un médecin chirurgien-accoucheur, d'un maréchal artiste vétérinaire, et d'un instituteur, qui tous se fussent occupés de l'agriculture, de la professer et d'enseigner la langue française pendant les heures où la chaleur excessive force les laboureurs de suspendre les travaux des champs.

Il y aurait eu en outre dans les mêmes établissemens des sœurs hospitalières pour tenir la pharmacie, soigner les malades, coopérer aux accouchemens, et se livrer à l'instruction des jeunes filles.

Quand aux emplois subalternes, le régisseur y eut seul pourvu.

14°. On aurait également accueilli dans les fermes les indigènes qui eussent voulu se perfectionner dans l'agriculture, se former à nos mœurs et se familiariser

---

(5) Un bataillon de beaux chiens dogues, bien dressés, répartis aux avant-gardes et dans les fermes, eut complété ces moyens de défense en garantissant contre toute espèce de surprise, et aurait inspiré plus de terreur aux Arabes que les plus intrépides soldats.

avec notre langue, lesquels eussent ensuite acquis le droit de faire partie de la population des hameaux , et d'y devenir propriétaires aux mêmes conditions que les colons. Mais, jusqu'alors les tribus qui auraient voulu vivre dans un état d'isolement , n'eussent point cessé d'être placées sous les lois qui les régissaient précédemment, et qui permettaient au Dey de disposer des biens et de la vie de tous les individus placés sous sa domination.

15º. Dans chaque circonscription maritime occupée par l'armée algérienne, l'application de ces lois exceptionnelles eut été confiée à un arabe dévoué qui , protecteur des innocens mais inexorable envers les coupables , les eût souverainement absous ou condamnés, et fait exécuter ses jugemens sans désemparer : en conséquence, il aurait été autorisé à recruter dans les tribus des hommes fidèles et aptes à le seconder dans l'exercice de ses hautes fonctions , soit pour appréhender les délinquans placés sous sa juridiction prévotale, soit pour leur faire subir les peines encourues par eux, afin que dans ces sortes d'exécutions le sang des musulmans ne coulât que par les mains des musulmans.

16º. La justice régulière eût été administrée en première instance par des baillifs , en appel par des sénéchaux, et en cas de requête civile ou du pourvoi en cassation, par des sénateurs inamovibles. (6)

____

(6) Plus tard , à une époque déterminée, les Conseils municipaux auraient désigné , dans leur sein , les électeurs

17°. Le régisseur, le médecin, l'artiste vétérinaire remplissant les fonctious de juges, et l'instituteur celles de greffier auraient constitué, dans chaque ferme, le tribunal de paix qui eut connu de toutes les contestations entre les colons, et en cas de non conciliation, le tribunal aurait renvoyé les parties pardevant le bailliage pour y être sommairement statué.

Dans les affaires emportant des peines graves, le régisseur assisté de l'instituteur eut constaté les délits, et reçu les premières déclarations des prévenus, qu'il aurait, sur-le-champ, fait transférer au chef-lieu du bailliage, et mettre à la disposition du ministère public.

18°. L'agriculture devenant le principal élément de la prospérité coloniale, son étude pratique eut été inhérente à l'instruction publique comme exercice gymnastique qui, tout en fortifiant le corps des élèves, les eût familiarisés de bonne heure à l'art précieux de fertiliser les terres et d'en multiplier les produits.

En conséquence, des fermes anraient été spécialement affectées à chaque genre d'étude, même aux institutions réligieuses, de sorte que les étudians destinés au sacerdoce se seraient trouvés à même en devenant pasteurs dans les hameaux, de cultiver les terres dépen-

---

chargés de nommer périodiquement leurs représentans, et de dresser les listes des candidats parmi lesquels le Gouvernement aurait eu à choisir les membres à vie de la Chambre souverainement gardienne et conservatrice des libertés publiques, réunissant à ses attributions législatives, celles de connaître de tous les crimes et délits contre l'État.

dantes de leurs presbytères, qui leurs auraient servi de dotation, et d'y être tout-à-la-fois les professeurs d'agriculture et les instituteurs de leurs jeunes paroissiens.

19°. Tous les jeunes gens de la génération qui se serait élevée, et qui auraient atteint l'âge de dix-sept ans, eussent pendant quatre ans, été incorporés dans des bataillons placés dans les fermes pour s'y exercer aux manœuvres et s'y livrer à l'agriculture, en attendant de rentrer dans leurs foyers pour succéder à l'héritage de leurs pères ou de devenir, comme les colons, propriétaires dans de nouveaux hameaux. (7).

Au fur et à mesure de la création de ces bataillons, on aurait diminué d'autant l'effectif des régimens primitifs, afin de réduire d'année en année le budget de l'armée, jusqu'à ce qu'elle eût pu parvenir à suffire par elle-même à toutes les dépenses de sa solde et de son entretien.

Les dépôts de l'artillerie et de la cavalerie auraient également été casernés, tant pour leur instruction que pour le travail agricole, dans des fermes, dans lesquelles eussent été placés les haras pour la remonte des chevaux nécessaires à leurs services respectifs.

---

(7) La nécessité continuelle de proportionner les établissemens agricoles aux accroissemens successifs de la population, aurait entraîné la colonie à s'étendre sans cesse en tous sens, et à éloigner, ou à réunir dans son sein les tribus, les peuplades et même les nations entières qu'elle aurait rencontrées dans ses immenses développemens.

Dans ces fermes agrico-militaires la justice eût été exercée par des conseils de guerre et en révision par une cour martiale.

20°. La Régence eut été déclarée pays libre et indépendant sous le nom de Royaume d'Algérie, gouverné provisoirement par un vice-roi, dont les enfans n'auraient pu exercer d'emplois qu'en France.

Après avoir ainsi jeté les salutaires fondemens de ce nouvel Etat, le gouvernement français eut invité toutes les puissances de la chrétienté à se faire représenter dans un congrès général, pour aviser aux moyens d'aider et de faire prospérer la colonie, en lui accordant pendant un certain laps de temps des subsides, qui, en grande partie, n'auraient fait que remplacer temporairement ceux que le Dey exigeait autrefois de la plupart de ces mêmes puissances.

Si le congrès eut acquiescé à ces propositions et placé l'Algérie sous la protection de la chrétienté tout entière, la France se fut départie de tous ses droits de conquête sur ce royaume en faveur du vice-roi déjà élu, et les consuls des puissances contractantes auraient formé à Alger une commission pour suivre le bon emploi des finances du pays.

Mais, dans le cas contraire, la colonie eût été autorisée à faire, sous la garantie de la France, des emprunts remboursables dans des temps plus prospères, et le Roi des Français aurait ajouté à son titre celui de Roi d'Algérie, sans autre liste civile que celle de vingt mille francs, pour être employés aux frais de représentation personnelle du vice-roi (8). La même économie eut été apportée au traitement de tous les autres fonctionnaires publics, et pour achever de rendre à bon marché ce gouvernement naissant, les agens de la France l'auraient gratuitement représenté auprès des puissances étrangères.

Enfin, la France elle-même n'eût usé du patronage suzerain, qu'elle aurait alors conservé, que pour réprimer les abus du pouvoir, et garantir aux colons le bonheur de vivre sous un gouvernement paternel, constamment stimulé à les rendre heureux, et toujours impuissant pour troubler impunément leur félicité.

Si ce système eût été ponctuellement suivi depuis la révolution de juillet, nous en aurions, sans contredit, recueilli les précieux avantages que je vais essayer d'énumérer succinctement dans l'ordre qui suit :

1°. De ne pas nous être inconsidérément exposés à essuyer les cruels désastres qui nous ont coûté des milliers de soldats couverts d'une gloire immortelle, inhumainement sacrifiés à poursuivre imprudemment des hommes que le fanatisme religieux rends féroces et

---

(8) Que nous aurions en outre doté d'un revenu annuel de 500,000 francs en rentes immobilières sur le domaine de l'État, afin qu'à chaque instant il se pénétrât encore mieux qu'il était comptable envers la France de tout le bien que son auguste mission lui eût permis d'accomplir; et la fondation de cette honorable dotation, digne d'un grand peuple qui a le sentiment de la civilisation, fût devenue pour nous un nouveau titre à l'affection des colons, et l'eût perpétuée jusques chez leurs arrières neveux.

barbares envers tout ce qui n'est pas musulman, et qu'il fallait seulement contenir, comme il est dit plus haut, sans les inquiéter, afin de conserver sur eux l'as-cendant que nous avait acquis sous Alger, la victoire éclatante où nous les avions vaincus avec la rapidité de l'éclair, et dispersés avec la puissance de la foudre.

2o. De donner à l'Univers le magnanime exemple de notre entière abnégation à tout esprit de conquête, et de notre ardent amour du bien de l'humanité.

3o. D'offrir aux infortunés que notre exemple avait entraînés à de fatales insurrections, un asile sous le gouvernement patriarchal de l'Algérie, avec la per-spective d'un avenir paisible et heureux ; asile que la plupart d'entre-eux se seraient empressés d'accepter avec reconnaissance, en renonçant à leurs subsides, pour aller goûter sur le sol africain, devenu le sol de la civilisation, le bonheur d'avoir une nouvelle patrie hospitalière et bienfaisante.

4°. De faciliter l'écoulement de notre population souffrante et laborieuse en Algérie, où elle se serait empressée d'y acquérir, à la sueur de son front, l'ai-sance et le bien-être qu'elle ne peut espérer d'obtenir en France ; où presque toujours en butte à la misère et à la faim, elle est souvent entraînée, par l'espoir d'obtenir quelque soulagement à ses maux, dans des séditions sanglantes dont nous avons déjà eu à déplorer les suites malheureuses. (9)

---

(9) La colonisation d'Alger nous eut donc épargné bien

5o. De réunir par conséquent, en peu de temps, dans une contrée naguère funeste à tout étranger, une population nombreuse, aguerrie et laborieuse, qui opposerait maintenant une barrière impénétrable aux incursions des Arabes, mettrait à même la colonie de se passer de leurs productions, et qui en cas de guerre maritime pourrait approvisionner les places sur le littoral, concourir à leur défense et les rendre inexpugnables.

6o. D'avoir économisé plus de trois cent millions tant en subsides qu'en frais d'occupation, ou en cas d'avance de cette somme, qui n'eût été faite qu'à titre de prêt, d'en obtenir le remboursement, d'autant plus que la prospérité toujours croissante de la colonie, lui permettrait sans doute aujourd'hui de commencer à l'effectuer.

7o. D'être parvenu à fonder par le travail au milieu des plus grands obstacles, et sans aucuns sacrifices pécuniaires, un royaume fort et florissant, qui aurait sans cesse tendu à s'agrandir par les armes de la persuasion, et à répandre les semences de la civilisation

d'agitations, de troubles, de désastreuses émeutes, et dans ce moment même où le cri de détresse retentit de nouveau dans nos cités industrielles, elle deviendrait la planche de salut d'une infinité de familles qui périssent d'inanition et de besoins, sans que nous puissions concevoir l'espérance de les secourir efficacement, ni de prévenir les crises commerciales dont elles se trouvent fréquemment les tristes victimes.

au loin, jusqu'au centre de l'Afrique, au sein même des pays encore inconnus.

Mais loin d'adopter un pareil système, que la raison semble indiquer, nous avons marché d'hésitations en hésitations, et à chaque pas l'impéritie, l'égoïsme et la cupidité nous ont entraînés à des fautes graves auxquelles il est urgent de remédier en faisant de nouveau table-rase comme aux premiers jours de la conquête (10), et ensuite de réparer les exactions que nous avons pu commettre ; de ne concéder les propriétés rurales qu'à ceux qui savent les cultiver ; de protéger plus efficacement les colons si souvent exposés par notre incurie aux cruautés des Arabes, et de réprimer l'audace, de jour en jour plus menaçante, des hommes ambitieux qui nous auraient secondés dans l'accomplissement de nos généreux desseins, si nous avions su concevoir quelque chose d'utile et de grand, mais qui prévoyant, par notre inertie, le déplorable avenir de la colonie, nous ont délaissé, ont soulevé des tribus entières, se sont mis à leur tête, et encouragés par nos irrésolutions, notre imprévoyance et nos revers, ils osent manifester hautement aujourd'hui l'insultante prétention de vouloir traiter avec nous d'égal à égal, et de nous

---

(10) Des forces imposantes rameneraient, presque sans coup férir, toutes les Tribus sous le patronage tutélaire de la Colonie ; fixeraient les limites du territoire nécessaire à la colonisation ; et poursuivraient à outrance les hordes vagabondes qui persisteraient dans le meurtre et le pillage, afin d'en finir avec la rebellion.

imposer des conditions humiliantes, dans l'attente pro-
chaine de nous contraindre à évacuer le pays, et de
régner seuls à Alger.

En traçant cette esquisse, je n'ai été mu que par le désir de vous soumettre, HONORABLES DÉPUTÉS, le faible
tribut d'une pensée qui, en 1830, avait paru sourire au
Cabinet déchu. Elle me fut inspirée par l'amour seul de
l'humanité et celui de notre propre gloire. Elle est sans
prétention de ma part, et cela est si vrai que je m'es-
timerais heureux d'en voir adopter de plus salutaires,
qu'elle aurait pu suggérer au foyer de connaissances,
de lumières et de sagesse auquel je l'adresse.

Je suis avec le plus profond respect,

HONORABLES DÉPUTÉS,

Votre très-humble et très-obéissant serviteur,

ESTIENNE,

Ancien Officier supérieur, rue de Cluny, n°. 5.

Paris, le 20 Mars 1837.

Imprimerie de BRAULÉ et JUBIN, rue du Monceau
Saint-Gervais, n° 8.